Hallo und herzlich willkommen,
heutzutage können wir uns unser Leben kaum noch ohne Handy, Laptop oder Tablet vorstellen. Sie begleiten uns durch den Alltag und müssen gut vor Kratzern oder Brüchen geschützt werden. Aber auch wichtige Dokumente wie Reise- und Mutterpass und Gegenstände wie Kopfhörer und E-Book-Reader können mit einer selbst genähten Hülle geschützt und individualisiert werden.
Ich habe für die gängigsten Alltagsbegleiter Schnitte mit Anpassungsoptionen entwickelt, damit Sie diese schützen und mit Hüllen nach Ihrem Geschmack Ihrer Persönlichkeit Ausruck verleihen können.

Viel Spaß bei Nachnähen wünscht Ihnen O. Landel

TIME TO
travel
NEVER STOP
exploring
REISEPASS
PASSPORT
PASSEPORT
TO:
DATE:
SEAT:
BOARDING TIME:
TIME:
FLIGHT:
GATE:

Reisepasshülle

GUT GESCHÜTZT IN DEN URLAUB

SCHWIERIGKEIT ●●●

GRÖSSE

Die Hülle eignet sich sowohl für den Reisepass als auch für den Kinderreisepass.

MATERIAL

- SnapPap, 30 cm x 15 cm
- farblich passendes Garn

ZUSCHNITT

- 1 Rechteck à 30 cm x 15 cm (am besten mit Rollschneider und Patchworklineal)

NAHTZUGABEN

Die Maße enthalten bereits 5 mm breite Nahtzugaben.

1 Die kurzen Seiten 5 cm breit nach innen umklappen.

2 Die langen Kanten jeweils 5 mm breit von rechts absteppen und so die Umschläge feststeppen.

3 Die Hülle mittig zusammenklappen und den Bruch flach drücken – mit den Fingern, einem Falzbein oder einer Rolle. Wer mag, bringt noch ein Bügelbild auf.

Kartenetui

ALLES ÜBERSICHTLICH IM GRIFF

SCHWIERIGKEIT ●●●

GRÖSSE

ca. 10 cm x 8 cm

MATERIAL

- Korkstoff, SnapPap oder Kunstleder, 30 cm x 25 cm (Falls Sie ein zweifarbiges Etui machen möchten, benötigen Sie 20 cm x 25 cm für die Außenseite und die Dreiecke und 15 cm x 25 cm für die Innenseite.)
- Druckknopf
- passendes Garn

ZUSCHNITT

- 2x Kartenetui
- 4 Dreiecke à 8 cm x 8 cm (zuerst 2 Quadrate à 8 cm x 8 cm zuschneiden, diese Quadrate jeweils diagonal teilen)

NAHTZUGABEN

Das Schnittteil und die Maße enthalten 5 mm breite Nahtzugaben.

SCHNITTMUSTERBOGEN 1A

1 Die Dreiecke, wie im Schnittteil eingezeichnet und auf dem Bild zu sehen, links auf rechts auf ein Kartenetui-Teil legen (= Innenteil) und mit Stoffklammern bündig fixieren.

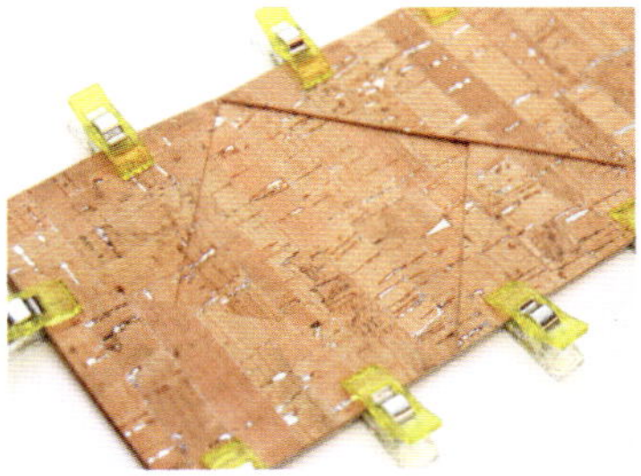

2 Die Kanten der beiden Dreiecke, die zur Rundung zeigen, knappkantig festnähen.

3 Innen- und Außenteil links auf links aufeinanderlegen, die Klammern umstecken, sodass sie alle Lagen aufeinander fixieren, und die Teile ringsherum aufeinandernähen.

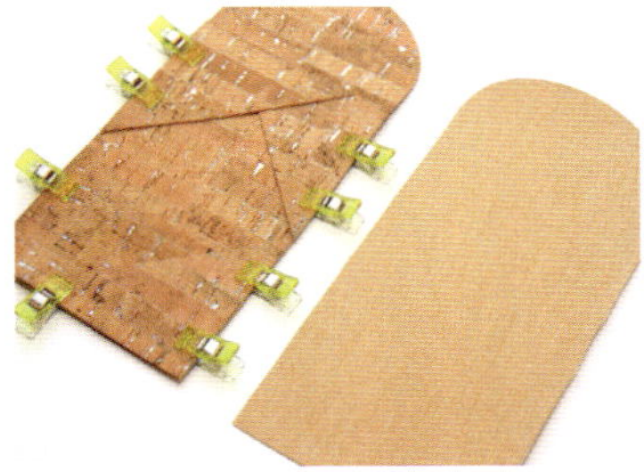

4 Auf dem Außenteil an der abgerundeten Seite die Mitte mit einem Abstand von ca. 1,5 cm zur Kante markieren, siehe auch Schnittmuster.

5 Ein Loch stanzen und den Druckknopf anbringen. Die Hülle zusammenklappen und die Position für das Gegenstück vom Druckknopf ermitteln und markieren. Das Gegenstück anbringen.

WELT
VERGESSEN
LOVE your SELF
good vibes only

Kopfhörerhülle

MIT SCHNAPPEFFEKT

SCHWIERIGKEIT ●●●

GRÖSSE

10 cm x 12 cm

MATERIAL

- Korkstoff, SnapPap oder Kunstleder, 30 cm x 10 cm
- Federverschluss, 10 cm breit
- farblich passendes Garn
- optional: Label

ZUSCHNITT

- 2 Quadrate à 10 cm x 10 cm
- 2 Rechtecke à 9 cm x 5 cm

NAHTZUGABEN

Die Maße enthalten 5 mm breite Nahtzugaben.

1 Falls gewünscht, zuerst das Label auf dem Vorderteil (Quadrat à 10 cm x 10 cm) anbringen. Dafür das Label mit doppelseitigem Klebeband fixieren und rundum knappkantig annähen.

2 An den beiden Rechtecken jeweils auf der rechten Seite einen Streifen doppelseitiges Klebeband dicht entlang einer Längskante aufkleben. Die Rechtecke jeweils mittig links auf links falten (= 9 cm x 2,5 cm).

es geht weiter →

3 Die gefalteten Rechtecke mithilfe des Klebebandes als Tunnel jeweils mittig auf der linken Seite an die Oberkante von Vorder- und Rückenteil kleben und von rechts knappkantig festnähen.

4 Das Vorder- und Rückenteil links auf links aufeinanderlegen, die unteren Ecken abrunden und die Teile an den Seiten- und der Unterkante aufeinandernähen.

5 Den geöffneten Federverschluss durch beide Tunnel schieben, den kleinen Stift durch die Röhrchen einführen und den Stift sichern, siehe auch Angaben des Herstellers.

WELT
VERGESSEN

kindle
DO what you LOVE

Hülle für Buch oder E-Reader

BUCHSTÄBLICH GUT VERPACKT

SCHWIERIGKEIT ●●●

GRÖSSE

variabel

MATERIAL

- Filz, ca. 3-4 mm stark, Größe siehe Zuschnitt
- Knopf
- Rest Korkstoff für Dekoelemente
- Gummikordel, ca. 15 cm
- farblich passendes Garn

ZUSCHNITT

Das Buch oder den E-Reader ausmessen und Höhe, Breite und Dicke notieren.

Filz

- 2 Rechtecke in folgender Größe:
  Breite: Breite des Buchs + Dicke des Buchs + 1 cm Nahtzugabe + 3 cm
  Höhe: Höhe des Buchs + Dicke des Buchs + 0,5 cm Nahtzugabe + 3 cm

Korkstoff

- 1 Gummibandabdeckung, z. B. ein Rechteck à 2 cm x 4 cm
- optional: zusätzliche Dekoelemente zuschneiden, siehe Modellbild

NAHTZUGABEN

Die Maße enthalten bereits eine 5 mm breite Nahtzugabe.

1 Die unteren Ecken der beiden Filzteile mithilfe des Knopfes oder eines anderen runden Gegenstands abrunden. Falls gewünscht, die Dekoelemente aus Korkstoff mit doppelseitigem Klebeband auf dem Vorderteil fixieren.

2 Anschließend die Elemente knappkantig aufnähen.

es geht weiter →

3 Den Knopf an der gewünschten Stelle annähen.

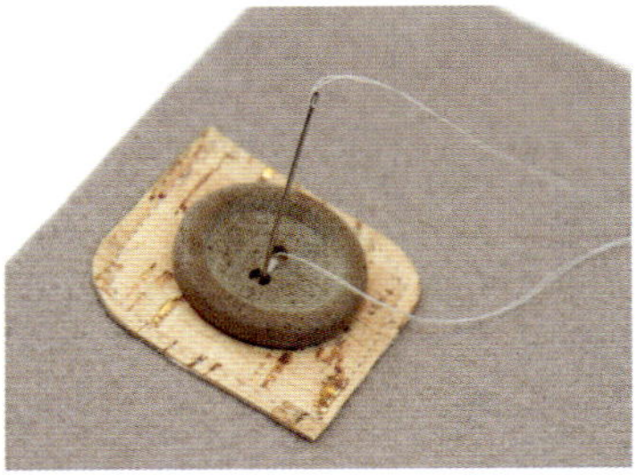

4 Das Vorder- und Rückenteil mit den oberen Kanten bündig aneinanderlegen und mit Stoffklammern fixieren. Das Gummiband um den Knopf schlingen und die Schlaufenenden auf dem Rückenteil mit einer Stecknadel fixieren.

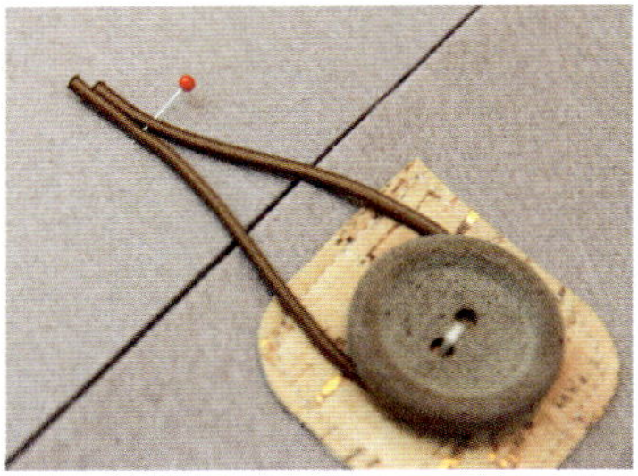

5 Über den Gummibandenden mehrmals vor- und zurücknähen, die Gummibandenden mit dem Korkstoffteil abdecken und die Abdeckung rundum knappkantig annähen.

6 Beide Teile links auf links aufeinanderlegen, mit Klammern fixieren und mit 5 mm Nahtzugabe an den Seiten und der Unterkante zusammennähen.

DO
what you
LOVE

HANDGEMACHT

Brillenetui

GUT IM FUTTER

SCHWIERIGKEIT ●●●

GRÖSSE

17 cm x 8 cm x 3,5 cm

MATERIAL

- Außenstoff (Kunstleder, Canvas, Softshell), 30 cm x 25 cm
- Futter (Baumwollstoff oder beschichtete Baumwolle), 30 cm x 25 cm
- Volumenvlies H630, 30 cm x 25 cm
- Magnetknopf
- Wonder Dots oder ein Rest Decovil
- farblich passendes Garn

ZUSCHNITT

Außenstoff

- 1x das Brillenetui (= Außenteil)

Futter

- 1x das Brillenetui (= Futter)

Volumenvlies

- 1x das Brillenetui ohne Nahtzugabe (= entlang der gestrichelten Linie)

NAHTZUGABEN

Eine 0,75 cm breite Nahtzugabe ist in den Schnittteilen bereits enthalten.

SCHNITTMUSTERBOGEN 1A

es geht weiter →

1 Auf die linke Seite des Futterteils Volumenvlies aufbügeln, dabei ist das Vlies rundum 0,75 cm kleiner als der Stoff. Wie im Schnittmuster markiert, auf die linken Stoffseiten von Futter und Außenstoff für den Magnetknopf Wonder Dots oder Decovil aufbügeln.

2 Beide Teile rechts auf rechts aufeinanderklammern und an der gebogenen Kante zwischen den Markierungen aufeinandernähen. Die Nahtzugabe mit einer Zick-Zack Schere bis dicht an die Naht kürzen oder mit der Schere in kurzen Abständen kleine Dreiecke aus der Nahtzugabe herausschneiden.

3 Die Teile auseinanderklappen.

4 Das Außenteil rechts auf rechts zusammenlegen, sodass die Oberkante nahtzugabenbreit über der Markierung am Nahtende liegt, und die Seiten mit Stoffklammern fixieren.
Die Seiten bis zur Markierung zusammennähen.

5 Den Stoff an den unteren Ecken auseinanderziehen, sodass das Nahtende genau in der Mitte des rechteckigen Ausschnitts liegt. Die Nahtzugaben auseinanderklappen und die Kanten aufeinandernähen, sodass der Boden entsteht. Das Gleiche auf der anderen Seite wiederholen.

6 Das Innenteil, wie oben beschrieben, rechts auf rechts zusammenklappen und an den Seiten fixieren.

7 Die Seiten wieder bis zur Markierung zusammennähen, dabei darauf achten, dass die Nahtzugabe vom Außenteil weggeklappt ist und nicht mitgenäht wird. Wie oben beschrieben, auch hier die Ecken am Boden schließen.

8 Die Position des Magnetknopfs am Futter markieren und den Knopf anbringen.

es geht weiter →

9 Die offenen Nahtzugaben von Außen- und Innenteil aufeinanderstecken und zusammennähen, am besten klappt das mit einem Reißverschluss-Fuß. In der Mitte eine Wendeöffnung frei lassen. Die Nahtzugaben an den Ecken schräg wegschneiden.

10 Das Gegenstück des Magnetknopfs am Außenteil anbringen. Das Etui wenden und die Nahtzugaben an der Wendeöffnung nach innen einschlagen.

11 Klappe und Öffnung des Etuis von rechts knappkantig absteppen, dabei wird die Wendeöffnung geschlossen.

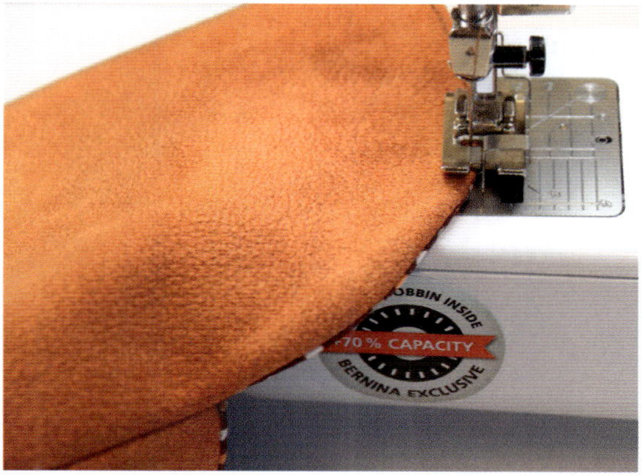

TIPP: Falls Sie einen dünneren Außenstoff verwenden, können Sie ihn vollflächig mit Gewebeeinlage G700 verstärken.

Brillenhülle

MIT DURCHBLICK

SCHWIERIGKEIT ●●●

GRÖSSE

15 cm x 9 cm

MATERIAL

- Kunstleder, 20 cm x 20 cm
- Filz, 1,5 mm stark, 20 cm x 20 cm
- Decovil, 20 cm x 15 cm
- 2 Druckknöpfe
- farblich passendes Garn
- Sprühkleber
- Lochzange

ZUSCHNITT

Kunstleder
- 1x Brillenhülle
- 1x Streifen

Filz
1 Rechteck à 20 cm x 17 cm

Decovil
1x Brillenhülle entlang der gestrichelten Linie (= rundum 5 mm kleiner)

NAHTZUGABEN

In den Schnittteilen sind alle benötigten Zugaben bereits enthalten.

SCHNITTMUSTERBOGEN 1B

1 Das Decovil mit rundum gleichmäßigem Abstand zur Kante auf die linke Seite des Kunstleders bügeln (vorher eine Bügelprobe machen!). Die Decovil-Seite des verstärkten Teils mit Sprühkleber auf dem Filzstück fixieren und das Teil knappkantig annähen. Anschließend den Filz auf die Größe des Kunstleders zuschneiden.

2 Wie im Schnitt eingezeichnet, 2 Löcher stanzen und die beiden Druckknopfteile anbringen.

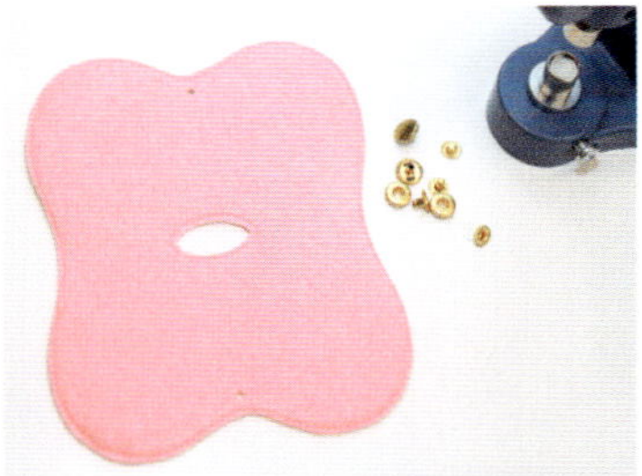

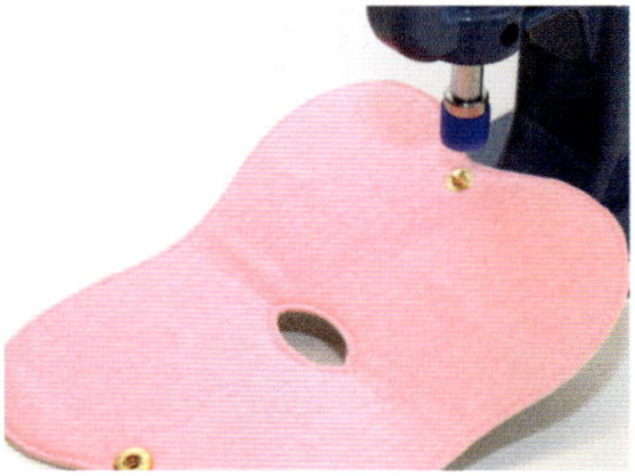

3 Am Kunstleder-Streifen ebenfalls 2 Löcher stanzen, siehe Schnitt.

4 Die Lochzange durch die Öffnung der Hülle schieben und ein weiteres Loch stanzen, siehe Schnitt. An diesem Loch den Kunstleder-Streifen mit dem Unterteil des 2. Druckknopfs befestigen. Das Gegenstück vom Druckknopf am anderen Ende des Streifens anbringen.

C 20.2
C 20.3
C 20.4
C 19.3
C 19.4
A 15.5
C 14.5
A 15.6
C 14.6
A 15.7
C 14.7

Planerhülle

ORGANISATION IN SCHICKEM OUTFIT

SCHWIERIGKEIT ●●●

GRÖSSE

18 cm x 24 cm x 2 cm

MATERIAL

- Kunstleder oder Korkstoff, 40 cm x 35 cm
- Filz, 3-4 mm stark, 40 cm x 25 cm
- Magnetknopf
- 4 Metallecken
- Ringbuchmechanik, A5
- 2 Wonder Dots oder Rest Decovil
- farblich passendes Garn

ZUSCHNITT

Kunstleder oder Korkstoff

- 1 Außenteil à 38 cm x 24 cm
- 1 Steckfach à 10 cm x 15 cm
- 2x Lasche

Filz

- 1 Innenteil à 38 cm x 24 cm

NAHTZUGABEN

In den Schnittteilen sind alle benötigten Zugaben bereits enthalten.

SCHNITTMUSTERBOGEN 1B

1 Ein Laschenteil auf der linken Seite wie eingezeichnet für den Magnetknopf mit einem Wonder Dot oder einem Stück Decovil verstärken und den Magnetknopf mittig mit 2 cm Abstand zur Kante anbringen. Beide Laschen-Teile links auf links aufeinanderklammern und knappkantig zusammennähen.

es geht weiter →

2 Das Steckfach in der unteren linken Ecke des Filzteils mit 1 cm Abstand zu den Kanten fixieren und an der Unter- und den Seitenkanten knappkantig feststeppen.

3 An der rechten Seite des Außenteils das Gegenstück des Magnetknopfs in der Höhe mittig und mit 5 cm Abstand zur Seitenkante anbringen, die Stelle vorher von links mit einem Wonder Dot oder Decovil verstärken.

4 Außen- und Innenteil links auf links aufeinanderklammern. Die Lasche wie auf dem Foto zu sehen mittig und 1,5 cm weit zwischen die Stofflagen schieben und festklammern, der Magnetknopf auf der Lasche zeigt dabei zur Innenseite. Von rechts das Außenteil knappkantig auf das Innenteil steppen.

5 Die Ringbuchmechanik genau mittig auf die Innenseite legen, die Löcher für die Befestigungsschrauben anzeichnen und stanzen, dann die Ringbuchmechanik festschrauben.

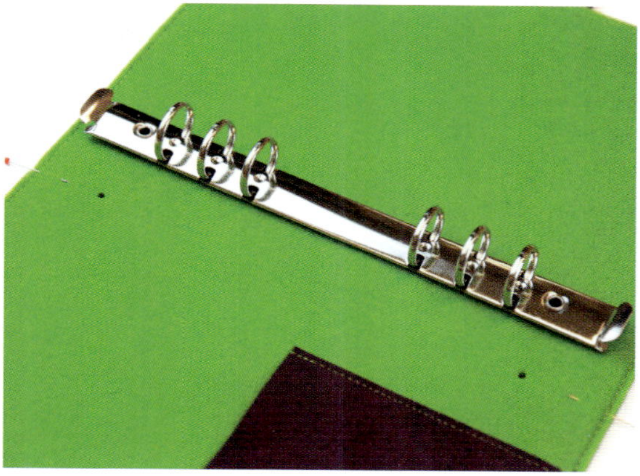

6 Die Metallecken mit einer Zange anbringen.

hauptsächlich, wenn mein Miesmacher dermaßen
Oberhand gewinnt, daß ich an mich halten muß,
um nicht auf die Straße hinunterzusteigen und den
Leuten die Hüte vom Kopf zu schlagen ... dann
begreife ich, daß es höchste Zeit für mich ist, auf
See zu gehen. Das ersetzt mir den Gebrauch von
Pistole und Kugel. Mit einer großen Gebärde
stürzte sich der Philosoph Cato in sein Schwert, ich
– getrost, nehme das Schiff. Nichts überrascht
hierbei. Jeder Mensch, in etwelchen Stadien seines
Lebens, hat den gleichen Durst nach Ozean
verspürt. Schau dir mal eure Stadt an auf den
Manhattoes. Sie ist umgeben von Werften, wie eine
indische Insel von Korallenriffen. Der Handel
umschäumt sie, und rechts und links führen dich
die Straßen zum Wasser. Der äußerste Punkt der
unteren Stadt heißt »Batterie«, ihr hochmütiges
Bollwerk wird von den Wellen gewaschen und
gekühlt von Winden, die vor einigen Stunden noch
nicht wußten, was unser Land ist. Schau dir die
vielen Leute an, die eine verlangende Sehnsucht
ans Wasser treibt.
Das soll nun allerdings nicht heißen, daß ich
meine Seereisen als Passagier mache, denn dazu
1%

Hülle für E-Reader oder Tablet

GUT GEPOLSTERT

SCHWIERIGKEIT ●●●

GRÖSSE

Variabel

MATERIAL

- Außenstoff: Canvas oder Twill
- Futter: Baumwoll-Webstoff
- Stoff für Dreiecke/Streifen: Baumwoll-Webstoff
- Volumenvlies H640
- Vlieseline H250 oder Gewebeeinlage G700
- Decovil
- Gummikordel
- optional: 1 Öse
- farblich passendes Garn

ZUSCHNITT

Höhe, Breite und Dicke des Geräts ausmessen und notieren.

Innenstoff, Vlieseline/Gewebeeinlage und Außenstoff

- jeweils 1 Rechteck in folgender Größe:
  Breite: 2x gemessene Breite + 3x gemessene Dicke + 2 cm Nahtzugabe + 1 cm
  Höhe: 1x gemessene Höhe + 2x gemessene Dicke + 2 cm Nahtzugabe + 1 cm

Volumenvlies und Decovil

- 1 Rechteck: Breite wie oben minus 2 cm, Höhe wie oben minus 2 cm (= Rechteck ohne Nahtzugaben)

Stoff für Dreiecke/Streifen

- 1 Streifen mit 4 cm Breite, die Länge entspricht der Höhe der Stoffrechtecke
- 4 Quadrate à 7 cm x 7 cm

NAHTZUGABEN

Die Maße beinhalten eine 1 cm breite Nahtzugabe.

es geht weiter →

1 Das Futterteil vollflächig mit H250 oder G700 verstärken und an den langen Seiten jeweils die Mitte markieren. Von Markierung zu Markierung eine Hilfslinie anzeichnen. Die Quadrate jeweils diagonal links auf links zusammenlegen und den Bruch knappkantig absteppen. Die entstandenen Dreiecke bündig an die Kanten und die Mittelmarkierung am Innenteil legen, klammern und mit einer 0,5 cm breiten Hilfsnaht annähen.

2 Am Stoffstreifen die langen Kanten jeweils 1 cm breit nach links umbügeln, den Streifen am Futter links auf rechts über der Mittelmarkierung positionieren und an beiden Seiten knappkantig annähen.

3 Die Gummikordel mit 3,5 cm Abstand zur Kante sorgfältig am oberen und unteren Rand auf der Nahtzugabe fixieren.

4 Die linke Seite des Außenteils mit Volumenvlies verstärken, der Stoff steht dabei rundum 1 cm über. Außen- und Futterteil rechts auf rechts aufeinanderlegen und mit 1 cm Nahtzugabe rundum zusammennähen, nur unten links (an der Seite ohne Dreiecke) eine Wendeöffnung frei lassen. Die Nahtzugaben an den Ecken bis dicht an die Naht schräg abschneiden.

es geht weiter →

5 Die Hülle wenden, Ecken und Kanten ausformen sowie die Nahtzugaben an der Wendeöffnung nach innen legen und glattbügeln. Das Decovil mit der Klebeseite Richtung Innenteil durch die Wendeöffnung in die Hülle schieben und mit dem Bügeleisen fixieren. Nur die Kanten der Vorderseite (= Seite ohne Dreiecke) knappkantig absteppen und dabei die Wendeöffnung schließen.

6 Optional eine Öse für die Kamera anbringen.

HUMPTY DUMPTY
THE JUNGLE BOOK
A Little Princess
FAIRY TALES
The WONDERFUL WIZARD of OZ
SHORT POEMS
GULLIVER'S TRAVELS
TREASURE ISLAND
HEIDI

MUTTERPASS

Hülle für U-Heft oder Mutterpass

FÜR EINEN GUTEN START

SCHWIERIGKEIT ●●●

GRÖSSE DER U-HEFT-HÜLLE

16,5 cm x 23 cm

GRÖSSE DER MUTTERPASS-HÜLLE

14 cm x 20 cm

MATERIAL

- Filz, 3-4 mm stark, 65 cm x 25 cm für die U-Heft-Hülle, 45 cm x 20 cm für die Mutterpass-Hülle
- Spitzenborte, 75 cm für die U-Heft-Hülle, 70 cm für die Mutterpass-Hülle
- Gummikordel, 27 cm für die U-Heft-Hülle, 24 cm für die Mutterpass-Hülle
- Optional: Perlen, Patch oder Aufnäher
- farblich passendes Garn

ZUSCHNITT U-HEFT-HÜLLE

- 1 Außenteil à 33 cm x 23 cm
- 1 linkes Seitenteil à 13 cm x 23 cm
- 1 rechtes Seitenteil à 8 cm x 23 cm
- 1 Steckfach à 11 cm x 8 cm (optional auch aus einem anderen, nicht fransenden Stoff)

ZUSCHNITT MUTTERPASS-HÜLLE

- 1 Außenteil à 28 cm x 20 cm
- 2 Seitenteile à 8 cm x 20 cm

NAHTZUGABEN

0,75 cm breite Nahtzugaben sind in den Maßen bereits enthalten.

1 Für die U-Heft-Hülle das Steckfach auf der unteren Hälfte des linken Seitenteils fixieren und an den Seiten- und der Unterkante knappkantig annähen.

2 Für beide Hüllen die Spitzenborte teilen und jeweils an den langen Kanten des Außenteils mit Stoffklammern fixieren, die Enden zur linken Seite umschlagen.

es geht weiter →

3 Die Spitzenborte annähen, eventuell einen Aufnäher mittig auf der rechten Hälfte anbringen.

4 Die Seitenteile links auf links bündig auf dem Außenteil mit Stoffklammern fixieren.

5 Die Gummikordel optional mit Perlen verzieren. Damit die Perlen nicht verrutschen, zu beiden Seiten der Perlen Knoten binden.

6 Auf dem rechten Seitenteil oben und unten einen Abstand von 2 cm zur Kante markieren. Ein Gummikordel-Ende an der oberen Markierung zwischen die beiden Stofflagen schieben und fixieren.

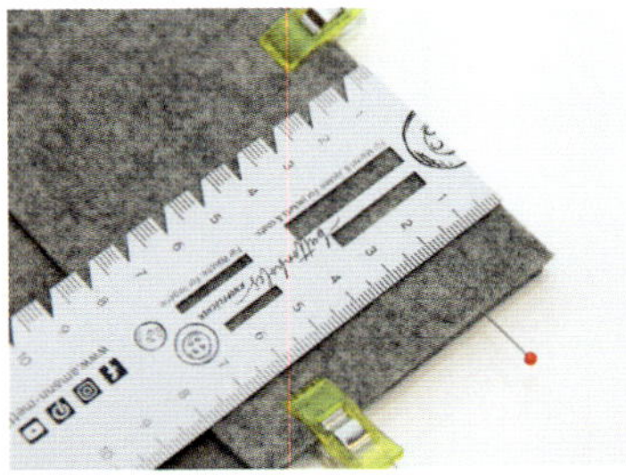

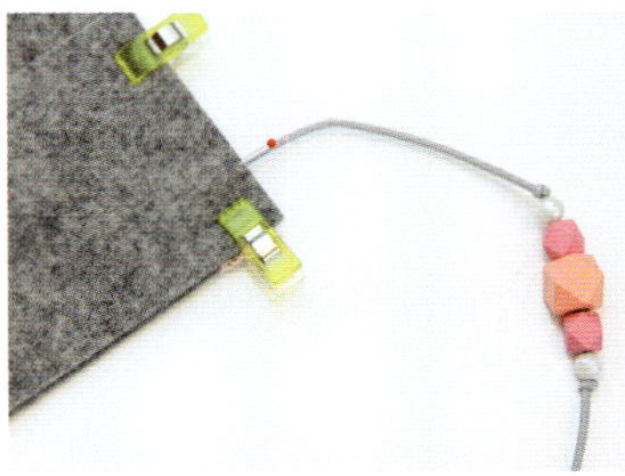

7 Das Außenteil von rechts füßchenbreit (= 0,75 cm breit) absteppen, dabei an der Ecke beginnen, in der das Kordelende fixiert ist. Die Seitenteile und die Gummikordel werden beim Absteppen mit festgenäht. An der Gummikordel die Stichlänge verringern und ein paar Stiche vor – und zurücknähen, sodass die Kordel fest angenäht wird.

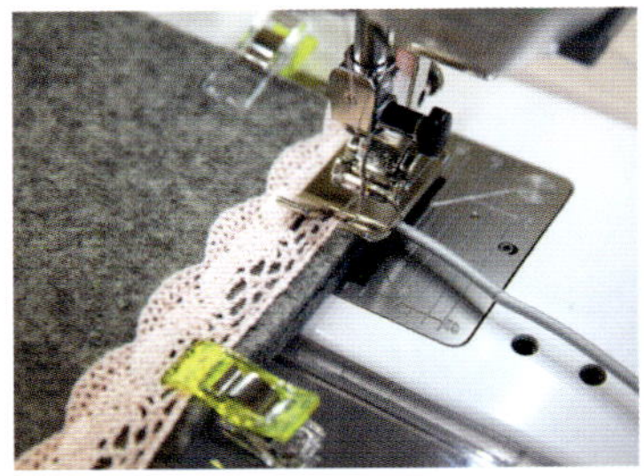

8 An der 2. Markierung die Gummikordel ebenfalls zwischen die beiden Stofflagen schieben und sorgfältig festnähen.

MUTTERPASS
MUTTERPASS
RÖNTGEN-PASS
nach § 28 Abs. 2 der
Röntgenverordnung
U1
SCHWANGERSCHAFT
GEBURT

Hier suchen
Zuhause
Restaurants
Bekleidung
Google
Aktuelles

Handyhülle

PRAKTISCH FÜR UNTERWEGS

SCHWIERIGKEIT ●●●

GRÖSSE

variabel

MATERIAL

- Kunstleder, Korkstoff oder SnapPap
- 2 Wonder Dots oder Rest Decovil
- Magnetknopf
- 2 Ösen
- Kordel, ca. 5 mm ø, in gewünschter Länge zum Umhängen der Hülle
- Kordelstopper
- optional: 2 Kordelenden
- farblich passendes Garn

ZUSCHNITT

Höhe, Breite und Dicke des Smartphones ausmessen und notieren.

- 1 Rechteck für das Vorderteil:
  Breite = gemessene Breite + 2x gemessene Dicke + 1 cm Nahtzugabe + 1 cm
  Höhe = gemessene Höhe + 1x gemessene Dicke + 0,5 cm Nahtzugabe + 1 cm
  An der oberen Kante mithilfe der Vorlage auf Bogen 1B den Ausschnitt aufzeichnen und einschneiden.
- 2 Rechtecke für das Rückenteil (1 davon optional in einer anderen Farbe):
  Breite = Breite des Vorderteils
  Höhe = Höhe des Vorderteils + 2 cm
- 2x Lasche

Optional die unteren Ecken an Vorder- und Rückenteilen abrunden.

NAHTZUGABEN

0,5 cm breite Nahtzugaben sind in den Maßen bereits enthalten.

SCHNITTMUSTERBOGEN 1B

es geht weiter →

1 Die Stellen für den Magnetknopf an einem Laschenteil und am Vorderteil wie eingezeichnet jeweils auf der linken Seite mit Wonder Dots oder kleinen Stücken Decovil verstärken.

2 Ein Magnetknopfteil an der Lasche anbringen, dann beide Laschen-Teile links auf links aufeinanderlegen und knappkantig zusammennähen.

3 Das Gegenstück vom Magnetknopf am Vorderteil anbringen und die Knopfbefestigung auf der linken Seite zum Schutz des Displays mit einem Stück Decovil abdecken. Die beiden Rückenteile links auf links aufeinanderlegen, die Lasche an der oberen Kante ca. 1 cm weit mittig zwischen die beiden Stofflagen schieben und festklammern. Die linke Seite des Vorderteils auf die Innenseite des Rückenteils legen und alles sorgfältig mit Stoffklammern fixieren. Kontrollieren, ob die beiden Magnetknopf-Teile aufeinanderpassen und die Lasche in geschlossenem Zustand nicht zu straff oder zu locker sitzt. Die Lasche eventuell noch etwas herausziehen oder weiter zwischen die Rückenteile schieben. Die Teile ringsherum 0,5 cm breit zusammennähen.

4 An den oberen Ecken der Rückseite 2 Ösen anbringen.

5 Eine Kordel durch die Ösen führen, den Kordelstopper auffädeln und die Kordelenden anbringen oder die Enden mit Knoten sichern.

Hülle für Laptop oder Tablet

MIT GROSSER KLAPPE ALLES IM GRIFF

SCHWIERIGKEIT ●●●

GRÖSSE

variabel

MATERIAL

- Außenstoff 1 (Kunstleder, Canvas, Softshell)
- Außenstoff 2 für die Klappe (Kunstleder, Canvas, Softshell)
- Futter (Baumwolle, beschichtete Baumwolle)
- optional bei nicht gepolstertem

Einzug Außenstoff: Style-Vil Fix

- Vlieseline H250
- Öse
- Gummikordel
- optional: ein Metalllabel
- farblich passendes Garn

ZUSCHNITT

Höhe, Breite und Dicke des Geräts messen und notieren.

Außenstoff 1 und Futter

- jeweils 1 Rechteck:
  Breite = gemessene Breite + 2x gemessene Dicke + 2 cm Nahtzugabe + 3 cm
  Höhe = 2x gemessene Höhe + 1x gemessene Dicke + 2 cm Nahtzugabe + 4 cm

Außenstoff 2 und Futter

- jeweils 1x Klappe (2 gegengleiche Teile, siehe Schritt 1 der Anleitung)

Gummikordel

- Länge = 2x gemessene Höhe+ 1x gemessene Dicke + 2 cm Nahtzugabe

Vlieseline H250

- 1x Klappe (siehe Außenstoff 2) ohne Nahtzugabe
- 1 Rechteck in der Größe des Futters, aber ohne Nahtzugabe (Falls das Futter-Rechteck mit Style-Vil Fix verstärkt wird, siehe Schritt 5, wird dieses Rechteck nicht benötigt.)

Style-Vil Fix (optional)

- 1 Rechteck in der Größe des Außenstoffs 1 oder Futters, aber ohne Nahtzugabe

NAHTZUGABEN

1 cm breite Nahtzugaben sind in den Maßen bereits enthalten.

SCHNITTMUSTERBOGEN 2A

Das Klappenschnittteil an die gemessene Breite und Dicke anpassen.

es geht weiter →

1 Klappe zuschneiden

Auf der linken Seite vom Außenstoff die gemessene Breite + 3 cm + 2 cm Nahtzugabe als obere Kante anzeichnen. Am Anfang und Ende dieser Linie jeweils senkrechte Linien anzeichnen (Länge = gemessene Dicke + 2 cm Nahtzugabe).

Die Schablone mittig unter die senkrechten Linien legen und die schrägen Kanten in benötigter Länge übertragen, sodass sie auf die Endpunkte der senkrechten Linien treffen. Die Klappe ausschneiden und eine gegengleiche Klappe aus Futter zuschneiden. Passend zum Futter eine Klappe aus Vlieseline zuschneiden, die rundum 1 cm kleiner ist.

2 Die linke Seite der Futterklappe mit Vlieseline verstärken, dabei steht der Stoff rundum 1 cm über. Dann beide Klappenteile rechts auf rechts aufeinanderlegen und bis auf die obere, gerade Kante zusammennähen. Die Nahtzugaben an den Ecken bis dicht an die Naht schräg abschneiden.

3 Die Klappe wenden und knappkantig absteppen. An der Spitze der Klappe die Position der Öse markieren und die Öse anbringen.

4 Die Gummikordel durch die Öse fädeln und beide Kordelenden genau senkrecht oberhalb der Öse an der oberen Kante der Klappe sorgfältig mit einer Naht fixieren.

5 Falls der Außenstoff nicht gepolstert ist, sollte das Außenstoff-Rechteck oder das Futter auf der linken Seite mit Style-Vil fix verstärkt werden. Das Style-Vil fix ist dabei jeweils rundum 1 cm kleiner als der Stoff. Das verstärkte Futter kann zusätzlich noch durchgesteppt, also in parallelen Linien längs und quer abgesteppt werden.

es geht weiter →

6 Das Außenteil rechts auf rechts zur Hälfte falten und die Seitenkanten jeweils zusammennähen. Oben bleibt die Hülle offen. An den unteren Ecken die Nahtzugabe jeweils bis dicht an die Naht einschneiden.

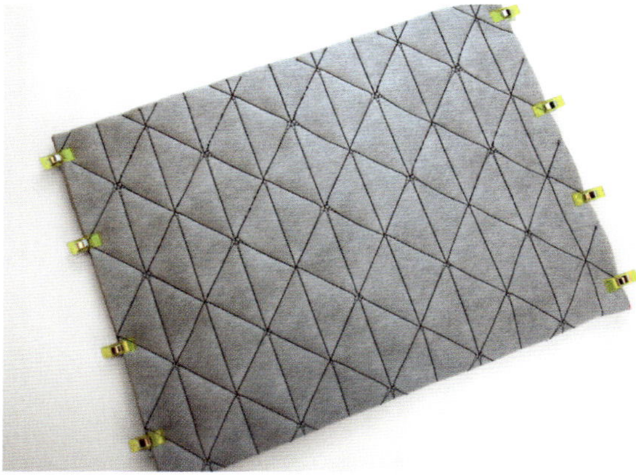

7 Die Stofflagen an einer Ecke auseinanderziehen und den Stoff so falten, dass ein Dreieck entsteht und die Naht genau in der Mitte des Dreiecks liegt. Die Nahtzugaben auseinanderfalten und die Ecke mit Stoffklammern fixieren. Genau im rechten Winkel zur Naht eine Linie von Kante zu Kante zeichnen. Die Länge der Linie entspricht der Tiefe, die die Hülle haben wird. Genau an der Linie eine stabile Naht nähen und die Ecke bis auf 5 mm Nahtzugabe abschneiden. Das Gleiche an der anderen Seite wiederholen.

8 Das Außenteil wenden und, wenn gewünscht, ein Metalllabel anbringen. Um die beste Position für das Label zu ermitteln, die Klappe kurz auf das Außenteil legen.

9 Das Futterteil auf der linken Stoffseite mit Vlieseline verstärken, dabei ist die Vlieseline rundum 1 cm kleiner als das Futter. Dieser Schritt entfällt natürlich, wenn das Futter mit Style-Vil Fix verstärkt wurde. Das Futterteil rechts auf rechts zur Hälfte falten und eine Seite komplett, die andere Seite bis auf eine Wendeöffnung zusammennähen. Oben bleibt die Hülle ebenfalls offen. Die Nahtzugabe mit einer Zickzack-Schere kürzen, nur an der Wendeöffnung bleibt die Nahtzugabe stehen.

es geht weiter →

10 Wie unter Punkt 7 für das Außenteil beschrieben, die Ecken am Boden des Futters falten, eine Linie anzeichnen, abnähen und die Ecke anschließend kürzen.

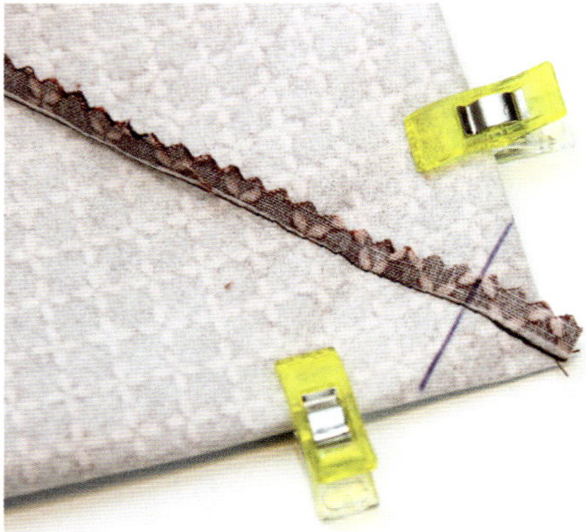

11 Die Klappe an der Rückseite des Außenteils festklammern, sodass die Außenseite der Klappe auf der Rückseite liegt und die Futterseite nach oben zeigt. Außenteil und Klappe zusammen ins Futter schieben, sodass Außenteil und Futter rechts auf rechts aufeinanderliegen.

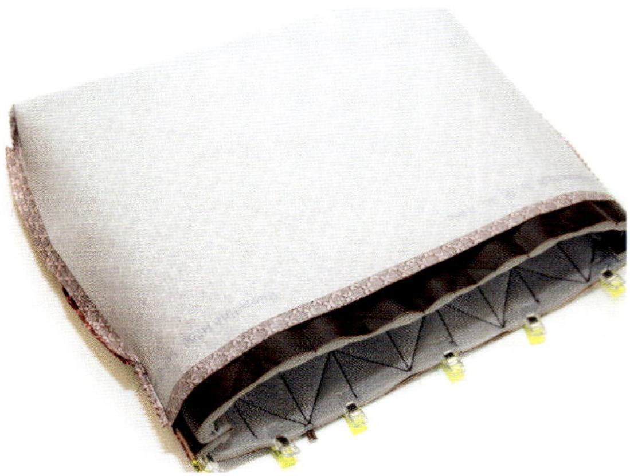

12 Darauf achten, dass die seitlichen Nähte von Außenteil und Futter genau aufeinandertreffen.

13 Alles ringsherum zusammennähen. Das geht am besten mit dem Freiarm der Nähmaschine.

14 Die Hülle wenden, die Nahtzugaben an der Wendeöffnung nach innen einschlagen und die Kanten knappkantig aufeinandernähen.

15 Die obere Kante sorgfältig klammern oder, wenn es möglich ist, bügeln und anschließend knappkantig absteppen.

Olga Landel ist 1987 in Kasachstan geboren und lebt seit 2012 mit ihrem Ehemann und zwei Kindern in München. Bereits im Vorschulalter hat sie mit ihrer Urgroßmutter Puppenkleider genäht. Das Interesse für das Nähen war schon immer da, aber erst während der zweiten Schwangerschaft ist es zu ihrem Lieblingshobby geworden. Seit 2017 ist Olga der kreative Kopf von Matroschka Handmade, bloggt für BERNINA, erstellt Nähanleitungen und gibt Nähkurse für Kinder und Erwachsene.

DANKE!

Ich bedanke mich bei meiner Familie für die Unterstützung und bei den folgenden Firmen für die gesponserten Materialien: Snaply GmbH, Amann Handel GmbH, Vlieseline und Spreefee bag making supplies.

MIX
Papier | Fördert gute Waldnutzung
FSC® C106600
FSC www.fsc.org

Penguin Random House Verlagsgruppe
FSC® N001967

TOPP – Unsere Servicegarantie

WIR SIND FÜR SIE DA! Bei Fragen zu unserem umfangreichen Programm oder Anregungen freuen wir uns über Ihren Anruf oder Ihre Post. Loben Sie uns, aber scheuen Sie sich auch nicht, Ihre Kritik mitzuteilen – sie hilft uns, ständig besser zu werden.

Bei Fragen zu einzelnen Materialien oder Techniken wenden Sie sich bitte an unseren Kreativservice, Frau Erika Noll.

mail@kreativ-service.info
Telefon 07 11/12 37 57 20

Das Produktmanagement erreichen Sie unter:

pm@frechverlag.de
oder:
frechverlag
Produktmanagement
Dieselstraße 5
70839 Gerlingen
Telefon 07 11/8 30 86 68

IMPRESSUM

Fotos: frechverlag GmbH, 70499 Stuttgart; alle Modellfotos: lichtpunkt, Michael Ruder, Stuttgart; alle Stepfotos: Olga Landel
PRODUKTMANAGEMENT: Claudia Mack
LEKTORAT: Beate Schmitz, Freiburg
COVER: Lena Schmitt
HERSTELLUNG: Heike Köhl
DRUCK: DZS Grafik, Slowenien

1. Auflage 2024

ISBN 978-3-7358-7116-9 • Best.-Nr. 27116